AF542616

OMPHALE,

TRAGEDIE,

REPRÉSENTÉE
PAR L'ACADEMIE ROYALE
DE MUSIQUE;

Pour la premiere fois, en Novembre 1701.
Pour la ſeconde, en Mars 1721.
Et pour la troiſiéme, le 27. Janvier 1733.

Cette Edition y eſt conforme.

DE L'IMPRIMERIE
De JEAN-BAPTISTE-CHRISTOPHE BALLARD,
Seul Imprimeur du Roy, & de l'Académie Royale de Muſique.

M. DCCXXXIII.

AVEC PRIVILEGE DU ROY.

LE PRIX EST DE XXX. SOLS.

ACTEURS CHANTANTS
DU PROLOGUE.

L'AMOUR,	Mlle. David.
JUNON,	Mlle. Monville.
PREMIERE GRACE,	Mlle. Pelissier.
DEUXIE'ME GRACE,	Mlle. Jullye.
LA JALOUSIE, *& sa Suite.*	

Acteurs, Chantans dans tous les Chœurs du Prologue & de la Tragedie.

CÔTE' DU ROY.		CÔTE' DE LA REINE.	
Mesdemoiselles	*Messieurs*	*Mesdemoiselles*	*Messieurs*
Dun.	Dun-Pere.	Antier-C.	Le Myre.
	Flamand.		Morand.
Campourcy.	S. Martin.	Tettelette.	Deserre.
Souris.	Marcelet.	Charlard.	Plet.
	Lefevre.		Louette.
Lavallée.	Buseau.	Delorge.	Dautrep.
	Deshais.		Lasalle.
Gaumenil.	Duplessis.	Ducoudray.	Besson.
Duplessis.	Combault.		Duchesne.
	Bornet.	Deshaigle.	Houbault.
David.	Bourquet.		

ACTEURS DANSANTS DU PROLOGUE.

PLAISIRS;

Mademoiſelle Richalet;

Monſieur Matignon, Mademoiſelle Le Breton.

Meſſieurs Bontemps, Malter-L., Hamoche.

Meſdemoiſelles Thybert, Favre, Saint Germain.

JEUX;

Monſieur Malter-C.;

Meſſieurs Dupré, Dumay.

Meſdemoiſelles Durocher, Rabon.

PROLOGUE.

PROLOGUE.

L'AMOUR paroît dans ſa Gloire, environné de Graces & de Plaiſirs. Les Divinitez de la Terre ſont aſſiſes ſur les aîles du Theâtre, enchaînées de Fleurs; & les Divinitez du Ciel ſont au-deſſus, aſſiſes ſur des Nuages. On voit au fond, l'Antre de la Jalouſie, où elle eſt enchaînée avec la Rage & le Deſeſpoir.

LA PREMIERE GRACE.

Ous, qui ſuivez l'Amour, Graces, Plaiſirs & Jeux,
Célébrez avec moy ſa puiſſance & ſes charmes;
Chantez ſes traits, chantez ſes feux,
Et que vos chants pour luy, ſoient de nouvelles armes.

PROLOGUE.

Accourez à nos ſons,
Venez, belle Jeuneſſe,
Que nos douces Chanſons
Soient le trait qui vous bleſſe
Le plus fier à nos voix
Devient le plus tendre;
Qui craint les tendres loix
Ne doit pas nous entendre.

CHOEUR.

Amants qui ſouffrez dans vos chaînes,
Ne regrettez point vos ſoûpirs;
En amour les ſoins & les peines,
Sont le préſage des plaiſirs.

On danſe.

LA SECONDE GRACE.

Faut-il qu'on differe,
D'aimer & de plaire,
Dans les jeunes ans?
Marchez ſur nos traces,
C'eſt l'âge des Graces
Que vôtre Printemps.

LA PREMIERE GRACE.

La vive Jeuneſſe
N'a pour la Tendreſſe
Que quelques inſtants;
Le Vent qui s'envole
Des Antres d'Eole
Fuit moins que le temps.

LA SECONDE GRACE.

Triomphe Dieu charmant, regne avec les Plaisirs
A la douceur, d'aimer joins le bonheur de plaire,
Et ne fais naître de desirs
Que pour les satisfaire.

CHOEUR.

Que sa gloire à jamais vole au plus haut des Cieux,
Célébrons par nos Chants le plus charmant des Dieux.

On danse.

UN PLAISIR.

Livrez vos cœurs à l'Amour qui vous blesse,
Profitez bien de vos tendres loisirs?
Laissez gronder la severe Vieillesse,
Non, non, belle Jeunesse,
Suivez vos desirs.
Qu'attendons-nous de l'austere sagesse.
Non, non, nôtre foiblesse,
Fait tous nos plaisirs.

On Danse.

On entend une Symphonie.

Mais quel éclat frappe nos yeux?
C'est l'auguste Junon qui descend en ces lieux.

JUNON.

Dieu puissant, vange-moy d'un Mortel qui m'outrage;
Son cœur dès le Berceau triomphe de ma rage;
Ma honte & mon dépit croissent par ses travaux:
Blesse Alcide; il est temps de vaincre ce Heros.

Mais choisi ces traits redoutables
Dont tu sçûs troubler mon repos,
Je te pardonne tous mes maux,
S'il en éprouve de semblables.

L'AMOUR.

Il aime; mais c'est peu d'avoir soûmis son cœur,
Je veux que ses tourments égalent ta fureur.

Dépit cruel, jalouse rage
Allez, allez troubler un cœur qui nous outrage.
Allez, partez, dechaînez-vous,
Allez servir nôtre courroux.

LA JALOUSIE & sa Suite, brisent leurs chaînes & s'envolent, pour executer les ordres de l'AMOUR.

LA SECONDE GRACE ET LE CHOEUR.

Lancez, lancez vos traits, signalez vôtre gloire,
Joüissez à jamais d'un triomphe éclatant;
Enchaînez tous les cœurs, & marquez chaque instant
Par une nouvelle victoire.

LA SECONDE GRACE.

Vole, que ta puiſſance éclate,
Amour, arme-toy de tes feux;
Qu'envain la gloire te combatte,
Et que les plus grands cœurs ſoient les plus amoureux.

LA PREMIERE GRACE ET LE CHOEUR.

Lancez, lancez vos traits, ſignalez vôtre gloire,
Joüiſſez à jamais d'un triomphe éclatant;
Enchaînez tous les cœurs, & marquez chaque inſtant
Par une nouvelle victoire.

FIN DU PROLOGUE.

ACTEURS CHANTANTS
DE LA TRAGEDIE.

ALCIDE, Mr. Chassé.

OMPHALE, *Reine de Lydie,* Mlle. Pellissier.

IPHIS, *Fils du Roy d'Æcalie,* Mr. Tribou.

MANTO, *Fille de Tyresie, sous le nom d'Argine,* Mlle. Antier.

CONFIDENTES D'OMPHALE;

CEPHISE, Mlle. Mignier.
&
DORIS, Mlle. Jullye.

UN LYDIEN, Mr. Dun.

Chœurs & Troupes de Lydiens & de Lydiennes.

La Scene est à Sardis, Capitale de Lydie.

ACTEURS DANSANTS
DE LA TRAGEDIE.

PREMIER ACTE.

LYDIENS ET LYDIENNES;

Monſieur D-Dumoulin ;

Meſſieurs Dupré, Dumay, Javilliers-L., Dangeville, Hamoche.

Meſdemoiſelles Carville, Durocher, Rabon, Le Sage, Lamartiniere.

SECOND ACTE.

MORES ET MORESSES;

Monſieur Dupré;

Meſſieurs Dangeville, P-Dumoulin, F-Dumoulin, Hamoche.

Meſdemoiſelles Richalet, Thybert, Le Breton, Favre.

TROISIE'ME ACTE.

GRECS ET GRECQUES;

Mademoiselle Camargo;

Messieurs Dangeville, F-Dumoulin, Dupré, Dumay, Bontemps.

Mesdemoiselles Lamartiniere, Le Sage, Thybert, Richalet, Le Breton.

QUATRIE'ME ACTE.

MAGICIENS;

Monsieur Dupré;

Messieurs Dupré, Dumay, Javilliers-C., Savar, Matignon, Malter-L., Hamoche, Bontemps.

CINQUIE'ME ACTE.

PRESTRESSES DE L'AMOUR;

Mademoiselle Camargo;

Mesdemoiselles Rabon, Carville, Lamartiniere, Le Breton, Favre, Saint Germain, Le Sage.

OMPHALE,

TRAGEDIE.

ACTE PREMIER.

Le Theâtre représente des Arcs de Triomphe, élevez à la gloire d'ALCIDE, devant le Temple de JUPITER.

SCENE PREMIERE.

IPHIS.

Alme heureux, agréable Paix,
C'est envain que je vous rappelle;
Calme heureux, agréable Paix,
Non, ce n'est plus pour moy que vos plaisirs sont faits.

Languiſſant ſous le poids d'une chaîne cruelle,
Je ne me plains qu'à moy de mes tourments ſecrets;
Mais, malgré ma contrainte & ma douleur mortelle,
Mon amour prend ſans ceſſe une force nouvelle,
Il ſe nourrit de mes regrets.

Calme heureux, agréable Paix,
C'eſt envain que je vous rappelle;
Calme heureux, agréable Paix,
Non, ce n'eſt plus pour moy que vos plaiſirs ſont faits.

On entend icy un bruit de Trompettes.

D'Alcide on va chanter la nouvelle victoire,
Ce bruit, de ſon triomphe eſt l'éclatant ſignal.

Tout retentit, tout parle de ſa gloire,
Tandis que pour la Reine épris d'un feu fatal,
Je perds le ſoin de ma memoire;
Lâche! l'ay-je ſuivi pour l'imiter ſi mal?

SCENE II.

ALCIDE & sa Suite, IPHIS.

ALCIDE.

Les Rebelles soûmis gémissent dans les fers;
Mais c'est assez des maux qu'ils ont soufferts,
Rassemblez-les pour voir briser leur chaîne.
à sa Suite.
Vous, allez; que vos soins répondent à mes vœux,
Que ceux qui m'ont suivi se préparent aux Jeux
Que je dois offrir à la Reine.

SCENE III.

ALCIDE, IPHIS.

ALCIDE.

Que servent les honneurs qu'on rend à mes exploits ;
Malheureux! tout mon cœur s'ouvre au trait qui le blesse,
Mille cruels transports m'agitent à la fois.
O barbare Ennemie ! implacable Déesse,
Junon, tu t'applaudis du trouble où tu me vois.

IPHIS.

Au sein de la victoire
Vôtre cœur laisse encor échaper des soûpirs ;
Vous ne sçauriez desirer plus de gloire,
Quel autre bien fait naître vos desirs?

ALCIDE.

Apprens, cher Prince, apprens ma foiblesse secrette,
On vante mon triomphe, & je sens ma défaite.

IPHIS.

Quoy, Seigneur?

ALCIDE.

J'ay servi la Reine de ces lieux ;
J'ay puni les Mutins qui troubloient son Empire :
J'ay sauvé par la mort d'un Monstre furieux,
Tout ce que sa fureur étoit prête à détruire.
Que servent à mon cœur ces exploits glorieux?
Il se trouble, il languit, tu l'entens qui soûpire ;
L'Amour a bien servi la colere des Dieux.

IPHIS.

Vous aimez? Eh! quelle est la Beauté qui vous blesse?

ALCIDE.

La Reine....

IPHIS.

O Ciel!

ALCIDE.

La Reine a surpris ma tendresse.
Dès le premier moment que je vis ses attraits,
Je sentis que mon cœur les aimeroit sans cesse;
Je tâchay vainement d'en repousser les traits.

IPHIS.

Ah! vous aimez vôtre foiblesse.

Si vous défendiez vôtre cœur,
L'Amour ne s'en rendroit pas maître;
Et vous en seriez le Vainqueur,
Si vous ne craigniez pas de l'être.

Mais, redoutez du moins les transports furieux
De la Fille de Tiresie;
Elle tient à ses loix la Nature asservie,
Ses charmes font pâlir la lumiere des Cieux.
Vous n'avez pû l'aimer; son art, sa jalousie
Peuvent en un instant la conduire en ces lieux:
Prévenez ses fureurs..... mais, rien ne vous allarme,
Et vous n'écoûtez plus qu'un amour qui vous charme.

ALCIDE.

L'Amour est sûr de la victoire,
C'est envain qu'un grand cœur resiste à ses attraits,
Les vains murmures de la gloire
Donnent encor plus de force à ses traits.

IPHIS.

Omphale vient, le Peuple avec elle s'avance,
C'est à vous seul qu'il doit sa délivrance.
Voyez tous ces Drapeaux ornez de vos exploits.

ALCIDE.

Omphale, cher Iphis, est tout ce que je vois.

SCENE IV.

ALCIDE, OMPHALE, IPHIS, Troupe de LYDIENS portant des Drapeaux, où sont représentez les travaux d'ALCIDE, & la dépoüille du Monstre dont il vient de délivrer les Etats d'OMPHALE.

ALCIDE.

Belle Reine, vôtre présence
Payoit tous mes travaux d'un assez grand bonheur.
Falloit-il à ce bien ajoûter tant d'honneur?

OMPHALE.

Vous avez en ces lieux rétably ma puiſſance,
Un Monſtre ſur mon Peuple exerçoit ſa fureur,
Vôtre bras redoutable en a pris la vangeance;
Je vous demande encor pour derniere faveur,
De ſouffrir ma reconnoiſſance.

Chantez le digne Fils du plus puiſſant des Dieux;
Chantez, portez vos voix, & ſon nom juſqu'aux Cieux.

CHOEUR.

Chantons le digne Fils du plus puiſſant des Dieux;
Chantons, portons nos voix & ſon nom juſqu'aux Cieux.

UN LYDIEN.

Il ne veut ſur ſes pas enchaîner la Victoire,
Que pour le repos des Mortels.

OMPHALE ET UN LYDIEN.

Chaque inſtant redouble ſa gloire,
Il eſt digne de nos Autels.

CHOEUR.

Chaque inſtant redouble ſa gloire,
Il eſt digne de nos Autels.

On danſe.

ALCIDE, à OMPHALE.

Cessez ces vains honneurs que vous me faites rendre.
Je n'entens point ces chants, je ne vois point ces Jeux;
Mes soûpirs, malgré-moy, vous font assez entendre,
Qu'un autre prix est l'objet de mes vœux.

OMPHALE.

Songeons à terminer cette Fête éclatante;
Sur les Autels des Dieux, auteurs de nos destins,
Allons-tous consacrer les Armes des Mutins,
Et du Monstre vaincu la dépoüille sanglante.

Les LYDIENS entrent avec ALCIDE & OMPHALE, dans le Temple de JUPITER, en disant,

Chantons le digne Fils du plus puissant des Dieux;
Chantons, portons nos voix & son nom jusqu'aux Cieux.

FIN DU PREMIER ACTE.

ACTE II.

ACTE SECOND.

Le Theâtre représente le Palais d'OMPHALE.

SCENE PREMIERE.

OMPHALE, CEPHISE, DORIS.

CEPHISE.

Lcide vous a fait l'aveu de son ardeur,
Rien ne manque à vôtre victoire:
Qu'il doit vous être doux de regner dans un cœur
Qui n'a rien aimé que la gloire.

DORIS.

Répondez à l'ardeur dont son cœur est épris,
Qu'il partage vôtre Couronne;
Les chaînes de l'Hymen doivent être le prix
De celles que l'Amour luy donne.

CEPHISE & DORIS.

Joüissez du bonheur de l'avoir enflâmé.

OMPHALE.

Le plus grand de mes maux est de l'avoir charmé.

CEPHISE & DORIS.

Que dites-vous? Pourquoy vous en faire un supplice?

OMPHALE.

Que de raisons pour m'allarmer!
Je luy dois tout, il m'aime, & je ne puis l'aimer.
J'éprouve de l'Amour le plus cruel caprice.

CEPHISE & DORIS.

Eh! quel autre Mortel a sçû plaire à vos yeux?

OMPHALE.

De tous les Heros qu'en ces lieux
Attira la fureur d'un Monstre redoutable,
Vous sçavez trop qu'Alcide est le plus glorieux;
Sçavez-vous moins quel est le plus aimable?

CEPHISE.

Est-ce Iphis que vous aimeriez?

OMPHALE.

En pénétrant mon choix vous le justifiez.

Il fut de ma fierté l'écueil inévitable,
Mon cœur trop affoibly se laissa désarmer,
Et sans prévoir qu'Alcide dût m'aimer,
Je sentis seulement qu'Iphis étoit aimable.

Iphis ignore encor l'ardeur qu'il a fait naître ;
Mais c'est luy que je vois paraître,
Avant qu'il sçache mon ardeur
Pénétrons, s'il se peut, le secret de son cœur.

SCENE II.

OMPHALE, IPHIS.

IPHIS.

JOüissez de vôtre Conquête,
Vous allez recevoir l'hommage le plus doux,
Belle Reine, je viens vous annoncer la Fête
Qu'Alcide prépare pour vous.

De vos divins attraits il reconnoît l'empire ;
Luy-même, il me convie à servir son ardeur.

OMPHALE.

Iphis, c'est envain qu'il soûpire ;
Un autre a prévenu ce Heros dans mon cœur.

IPHIS.

Ciel! quel funeste aveu venez-vous de me faire !
Et quel est cet Amant que vôtre cœur préfere !
Alcide seul devoit vous enflammer.

OMPHALE.

N'en est-il point, Iphis, qui sçache mieux aimer?

IPHIS.

Il n'en est pas du moins de plus digne de plaire.

OMPHALE.

Celuy qui m'a ſoûmiſe au pouvoir des Amours,
Meritoit le mieux cette gloire ;
Mes yeux me le diſent toûjours ,
Et mon cœur ſe plaît à les croire.

IPHIS.

Dieux! quels ſont mes tourments !

OMPHALE.

D'où naiſſent vos ſoûpirs?

IPHIS.

à part. OMPHALE.

Quel trouble.... d'un Amy, je plains les déplaiſirs.

Aimez un Heros qui vous aime ,
Sa vertu, ſa gloire eſt extrême ;
Briſez vos premiers fers pour ce nouveau Vainqueur.
Quand, malgré-moy, vos yeux auroient ſéduit mon cœur.
Je trahirois mon amour même
Pour vôtre gloire & ſon bonheur.

OMPHALE.

J'ay tout tenté pour me deffendre,
Lorſque l'Amour a voulu m'enchaîner;
Mais mon cœur à la fin fut forcé de ſe rendre,
Et je ferois envain pour le reprendre,
Les efforts que je fis pour ne le pas donner.

IPHIS.

Tout vous dit de changer quand Alcide vous aime.

OMPHALE.

Si vous aimiez, Iphis, changeriez-vous de même?

IPHIS.

Je ferois pour ma gloire un genereux effort.

OMPHALE.

Mon cœur est plus tendre & moins fort.

Vous vous troublez, d'où naît cette douleur mortelle?

IPHIS.

Ah! c'est trop m'accabler, Cruelle,
Vous voyez, malgré-moy, mon crime & mon tourment;
Mon cœur éprouve en ce moment
La douleur d'un Ami fidele,
Et l'affreux désespoir d'un malheureux Amant.

OMPHALE.

Que dites-vous, Iphis?

IPHIS.

Ce que je ne puis taire.
Je vous fais un aveu que je vais expier,
Et si je vous apprens un amour témeraire,
Ma mort vous aidera bien-tôt à l'oublier.

Ah! j'entens mon Arrest dans ce profond silence,
Il faut céder à mon malheur.
Mon cœur, en vous aimant, vous a fait une offence;
Mais vous avez dans ma douleur
Le garant de vôtre vangeance.

OMPHALE.

Arrêtez..... mais, ô Dieux! j'apperçoy son Rival....
Quelle contrainte, helas! quel spectacle fatal!

SCENE III.

ALCIDE, OMPHALE.

LES Rebelles enchaînez, conduits par des Heros de diverses Nations qui ont servi ALCIDE. Troupe de sa Suite, portant la Peau du Lyon de NEMÉE, la Massuë & les Armes d'ALCIDE, qu'on met, en dansant, aux pieds d'OMPHALE.

ALCIDE.

JE remets ces Mutins sous vos loix souveraines,
Reine, leur repentir vous répond de leur foy.

OMPHALE.

Je veux tout oublier: qu'on leur ôte ces chaînes.

ALCIDE.

Ne pourray-je à mon tour vous attendrir pour moy?
Mes transports, mes soûpirs seront mes seules armes,
Je veux par mille soins vous prouver mes ardeurs.
Recevez dans ces Jeux un essay des honneurs,
Que je prétends rendre à vos charmes.
Jamais on n'a senti des ardeurs si parfaites;
Faites-en par vos chants retentir ce séjour:
L'Objet qui m'a charmé regne aux lieux où vous étes,
Les Plaisirs & les Jeux doivent former sa Cour.
Célébrez à l'envie dans ces belles retraites,
Les plus brillants attraits, & le plus tendre amour.

Joignez-tous vos voix,
Chantez vôtre Reine,
L'Amour ſous ſes loix
Pour jamais m'enchaîne.
Ses yeux à l'Amour ont prêté des armes,
Chantez tour à tour
L'excès de ſes charmes,
Et de mon amour.

On danſe.

UN THEBAIN ET UNE THEBAINE, à OMPHALE.

Suivez l'Amour, quand ce Dieu vous appelle;
N'écoûtez plus la fierté:
Non, vôtre liberté
N'eſt pas du prix d'une chaîne ſi belle.

CHOEUR. *Suivez*, &c.

ALCIDE, aux Rebelles.

Chantez mille fois
L'amour qui m'enchaîne,
Célébrez mon choix.
Chantez mille fois
Vôtre aimable Reine,
Beniſſez ſes loix.
Imitez l'ardeur ſi fidele
Qui brûle mon cœur;
Imitez l'ardeur & le zele
De vôtre Vainqueur.

LE THEBAIN ET LA THEBAINE, à OMPHALE.

C'est l'Amour qui vous presse,
Cherissez ses traits :
Sans ce Dieu, la Jeunesse
Perdroit ses attraits ;
Les Plaisirs sur ses pas
Volent sans cesse ;
Et qui fuit tant d'appas,
Ne les merite pas.

LE CHOEUR.

C'est l'Amour qui vous presse,
Cherissez ses traits :
Sans ce Dieu la Jeunesse
Perdroit ses attraits :
Les Plaisirs sur ses pas
Volent sans cesse ;
Et qui fuit tant d'appas,
Ne les merite pas.

La Feste est troublée par les Demons : Ils volent de tous côtez avec des feux, & brisent tous les ornemens du Palais.

LE CHOEUR.

Quel trouble! quelle horreur soudaine!
Quel Dieu s'offence de ces jeux?
L'Enfer contre nous se déchaîne,
Il vomit icy tous ses feux.

ARGINE arrive sur un Dragon.

SCENE IV.

SCENE IV.

ALCIDE, ARGINE.

ALCIDE.

Que voy-je! c'est Argine, ô Dieux!
Que je crains sa jalouse rage!

ARGINE.

Alcide, par l'horreur qui m'annonce en ces lieux,
Comprends ce que je puis pour vanger mon outrage.

Quoy? pour moy la Phrygie aura vû tes mépris?
Envain j'auray brûlé d'une ardeur sans égale?
C'est donc peu que ta fuite en ait été le prix,
Dois-je trouver encor une heureuse Rivale?
Mais, ta flâme est pour elle un inutile bien;
Je rompray tous les nœuds que l'Amour vous destine,
Je percerois plûtôt & son cœur & le tien,
Et Junon est pour toy moins à craindre qu'Argine.

ALCIDE.

Pourquoy dans ce séjour répandre tant d'horreur!
La crainte est-elle ma foiblesse?
Tout l'Enfer en courroux ne pourroit sur mon cœur
Ce que n'a pû vôtre tendresse.

Je voulois de l'Amour fuir à jamais la loy;
Mais les Dieux ennemis m'y rangent malgré-moy.
Et Junon a choiſi le trait dont il me bleſſe.

ARGINE.

Va, ne fais point aux Dieux des reproches ſi vains,
Ils ne t'embrâſent point d'une ardeur invincible,
Ingrat, c'eſt dans ton cœur, trop foible & trop ſenſible,
Qu'il faut chercher ces Dieux dont tu te plains.
Ah! ſi l'Amour devoit toucher ton ame,
Que ne partageois-tu la flâme
Dont mon cœur étoit embraſé.
Tu croyois que l'amour étoit une foibleſſe;
Mais du moins mes ſoûpirs, mes larmes, ma tendreſſe,
Ne t'auroient que trop excuſé.

ALCIDE.

Les Amours par vos mains m'offroient de douces chaînes,
Les Plaiſirs m'appelloient ſous vôtre aimable loy;
Mais le Sort me condamne à d'éternelles peines,
Les Jours heureux ne ſont pas faits pour moy.
Un funeſte feu me dévore,
Malgré moy-même, Omphale...

ARGINE.

Inutiles diſcours.
Que ne dis-tu, Cruel, ſans tous ces vains détours,
Que ton cœur me hait, & l'adore.

C'en est trop, & je veux te haïr à mon tour.
Cédons au transport qui m'entraîne...
Mais, hélas! ce transport est un transport d'amour;
C'est envain qu'à tes yeux j'appellerois la haine;
Faut-il que nôtre cœur ne nous puisse obeïr?
Ne sçaurois-tu m'aimer? Ne puis-je te haïr?

ALCIDE ET ARGINE.

Amour! quelle furie empoisonne tes flâmes,
Et quel Démon forge tes traits?
Dieu barbare, tu ne te plais
Qu'à porter avec toy le trouble dans nos ames.

ALCIDE.

Quittez, quittez ces lieux, & calmez vos transports;
Loin de me reprocher l'amour qui me déchire,
Plaignez un cœur, qui malgré mille efforts,
Ne sçauroit s'affranchir de son cruel empire.

ARGINE.

Il me fuit, & pour luy mon lâche cœur soûpire.

SCENE V.

ARGINE.

O Rage ! ô desespoir ! ô barbare fureur !
Venez vanger l'Amour qui gémit dans mon cœur.

On fait servir mes feux au triomphe d'un autre,
Eteignez mon ardeur, allumez mon courroux,
Armez mon bras, & conduisez mes coups :
Sur la rigueur d'Alcide il faut regler la vôtre.

O rage ! ô desespoir ! ô barbare fureur !
Venez vanger l'Amour qui gémit dans mon cœur.

Mais Alcide se plaint de la fierté d'Omphale,
Le hait-elle ? .. je veux pénétrer dans son cœur,
Et si je reconnois qu'Alcide est son Vainqueur,
Frappons, n'épargnons pas une heureuse Rivale.

O rage ! &c.

FIN DU SECOND ACTE.

ACTE TROISIEME.

Le Theâtre repréſente les Jardins D'OMPHALE.

SCENE PREMIERE.

OMPHALE.

DIgne Objet d'une flâme éternelle,
Vien ſuſpendre mes maux, vien calmer mes douleurs,
C'eſt ma voix qui t'appelle;
En t'offrant à mes yeux, viens-en tarir les pleurs.
Helas! ô contrainte cruelle!
J'ay caché mes ſoûpirs aux yeux de mon Vainqueur;
Helas! que n'a-t'il vû mon cœur!

SCENE II.

OMPHALE, ARGINE.

ARGINE.

C'Est elle ; suspendons le courroux qui m'enflamme :
Sçachons le secret de son ame.

OMPHALE, sans voir ARGINE.

Je n'ay pû, cher Amant, te découvrir mes feux ;
Ton péril m'a fait violence ;
L'aveu de mon amour alloit combler tes vœux,
Un spectacle fatal m'a contrainte au silence.
Pardonne-moy l'erreur qui nous rend malheureux,
De ton destin je craignois de t'instruire ;
Mon aveu t'exposoit à des maux rigoureux,
Je t'aimois trop pour te le dire.

Mais je dois voir les Jeux qu'en ces lieux on m'apprête ;
Heureuse si l'Amour y conduit mon Héros :
Mais, helas ! quelle triste fête !
Si je n'y puis finir son erreur & mes maux.

SCENE III.

ARGINE.

NOn, je n'en doute plus, c'eſt Alcide qu'elle aime,
Elle me l'apprend elle-même;
Au moment que mon art a fait ceſſer leurs jeux;
Elle alloit déclarer ſes feux.
Pour l'Ingrat qui me fuit, ſon amour l'intimide,
Elle aime, elle eſt aimée, ô Ciel, quel déſeſpoir!
Qu'elle meure; il eſt temps que mon courroux décide,
Elle ne verra plus Alcide:
Que ne périſſoit-elle avant que de le voir!

Demons, volez pour ma vangeance;
Contre Alcide, mon art a trop peu de puiſſance,
Que j'immole du moins Omphale à mon tranſport.

On vient, on va chanter le jour de ſa naiſſance;
Que ce ſoit celuy de ſa mort.

Trompez ſes yeux, ſervez la fureur qui m'anime,
Enchantez-la pour être ma victime.

SCENE IV.

OMPHALE, CEPHISE, Troupe de Grecs & de Grecques choisis pour chanter la naissance d'OMPHALE: Elle se place sur un Trône de fleurs pour voir la Fête.

CEPHISE.

Celebrez le jour mémorable
Où le destin d'Omphale a commencé son cours;
C'est de ce moment favorable
Que dépendoient vos plus beaux jours.

CHOEUR.

Célébrons le jour mémorable
Où le destin d'Omphale a commencé son cours;
C'est de ce moment favorable
Que dépendoient nos plus beaux jours.

CEPHISE.

Vos plaisirs sont nez avec elle
Unissez vos cœurs & vos voix.
Que vos jeux, que vos chants signalent vôtre zele.
Puissiez-vous aux regards d'une Reine si belle,
Les offrir encor mille fois.

CHOEUR.

Ah! qu'il est doux de vivre sous ses loix!

On danse.

CEPHISE.

CEPHISE.

Dans un ſi beau jour tout doit s'enflâmer,
Le temps heureux des jeux eſt le temps d'aimer.

Le plus fier doit être
Senſible à ſon tour ;
L'Amour nous fait naître,
Vivons pour l'Amour.

Dans un ſi beau jour, tout doit s'enflâmer,
Le temps heureux des Jeux eſt le temps d'aimer.

Que l'Amour nous lie
De ſes plus beaux nœuds,
De quoy ſert la vie
Sans ſes tendres feux ;
Sans eux tout ennuye,
Tout plaît avec eux.

Dans un ſi beau jour tout doit s'enflâmer,
Le temps heureux des jeux eſt le temps d'aimer.

On danſe.

CHOEUR.

Inventons de nouveaux concerts,
Que nos tendres accords inſpirent la tendreſſe ;
Faiſons-en retentir les airs,
Et que l'Echo charmé les repete ſans ceſſe.

On danſe.

OMPHALE.

C'est assez, vôtre zele a brillé dans ces jeux;
Mais j'ay besoin d'un peu de solitude.
Le Ciel seconde mal vos vœux;
Laissez-moy m'occuper de mon inquietude.

CEPHISE & le Peuple se retirent : Des Demons sortent des Enfers, & enchantent OMPHALE sur le Trône de fleurs où elle est assise.

SCENE V.

OMPHALE enchantée, ARGINE.

ARGINE, le Poignard à la main.

SA mort va me vanger du pouvoir de ses yeux,
Je vais joüir enfin de la douceur extrême
De verser ce sang odieux,
Qui brule pour l'Ingrat que j'aime.

Frappons, rien ne peut plus retenir mon courroux:
Quel plaisir! ... mais helas! mon amour l'empoisonne,
J'envie en la frapant la mort que je luy donne:
Que ne puis-je être aimée, & mourir sous ses coups?

Mais, on me méprise, on l'adore;
Quelle rage pour moy! je frémis d'y penser.
Ne tardons plus, frappons; que ne peut-elle encore
Offrir à ma fureur plus de sang à verser.

SCENE VI.

ARGINE, OMPHALE, ALCIDE.

ALCIDE *en arrachant le poignard des mains d'*ARGINE.

Ciel! que vois-je!

ARGINE.

Ah! Cruel, c'est toy qui me desarmes,
Tu m'arraches ce fer vangeur.
Acheve, qu'il te serve à vanger tes allarmes.
Puisqu'il est dans tes mains, plonge-le dans mon cœur.

ALCIDE.

O Dieux! en vous cherchant que j'ay craint pour sa vie!
Cruelle, quelle barbarie!
C'est contre moy qu'il faut armer vôtre couroux,
Que cent Monstres affreux évoquez par vos charmes
Contre mes jours se réunissent tous;
Je verray sans effroy tous les Enfers en armes,
Et je les combattray sans me plaindre de vous;
Mais respectez l'Objet qui m'a sçû plaire,
Epuisez sur moy vos rigueurs.

ARGINE.

Est-ce en me faisant voir combien elle t'est chere,
Que tu prétends desarmer mes fureurs?
Il faudroit la haïr, pour calmer ma colere:

Mais, Barbare ! l'Amour te fait une autre loy.
Ma Rivale t'inspire une ardeur trop fidelle ;
Je ne puis t'inspirer que l'horreur & l'effroy.
Va, tu m'as trop appris à devenir cruelle :
Vangeons-nous, vangeons-nous de ta haine pour moy,
Et de ta tendresse pour elle.

ALCIDE.

Quelle est l'erreur où je vous vois ?
Non, je ne vous hais point.

ARGINE.

Que fais-tu donc? tu l'aimes?

ALCIDE.

L'Amour soûmet nos cœurs, malgré nous-mêmes.

ARGINE.

Le tien brûle pour ses appas,
Barbare, Eh c'est ce qui m'outrage ;
Quand tu me haïrois mille fois davantage,
Mon sort seroit trop doux, si tu ne l'aimois pas.

Mais, tu fais gloire, Ingrat, de l'amour qui t'engage:
Voilà mon désespoir, ton crime & son arrest.

Elle veut reprendre le Poignard des mains d'ALCIDE.

Donne, donne ce fer ; que l'Objet qui te plaît
Expirant à mes yeux....

ALCIDE.

Ciel ! quel est vôtre rage!

ARGINE.

Tu frémis, c'est l'Amour qui t'apprend à trembler.
Hé bien, Cruel, c'est moy que tu dois immoler.
Tant que ce cœur vivra, crain qu'elle ne perisse:
Frappe, prévien par mon suplice
Une main prête à l'accabler;
Frappe, que la mort me désarme,
Offre mon cœur sanglant à l'Objet qui te charme,
Etein, pour la sauver, ma flâme & mon courroux:
Frappe, le coup me sera doux,
S'il te coûte une larme.

ALCIDE.

Calmez cet affreux désespoir,
Vivez, vivez, Argine, & laissez vivre Omphale.

ARGINE.

C'est donc trop peu pour toy d'adorer ma Rivale,
Tu veux me condamner à l'horreur de le voir.
Non, c'est trop la laisser triompher de mes charmes,
Enlevez-la, Demons, & vangez mes allarmes.
Annoncez-luy la mort, pour prix de son ardeur.

On enleve OMPHALE.

ALCIDE.

Ah! tant de barbarie irrite mon courage.

ALCIDE ET ARGINE.

Je sens triompher dans mon cœur
Le dépit, la haine, & la rage;
Tremblez, dans un cœur qu'on outrage,
L'Amour au desespoir fait naître la fureur.

ARGINE.

Mes yeux vont, malgré toy, joüir de ſon ſupplice.

ALCIDE.

Je ne vous quitte point. S'il faut qu'elle periſſe,
Vous voyez ſon Amant, vous verrez ſon vangeur.

ALCIDE, ET ARGINE.

Je ſens triompher dans mon cœur
Le dépit, la haine, & la rage;
Tremblez, dans un cœur qu'on outrage,
L'Amour au deſeſpoir fait naître la fureur.

FIN DU TROISIE'ME ACTE.

ACTE QUATRIEME.

Le Theâtre représente une Solitude.

SCENE PREMIERE.

IPHIS.

Quoy ! je vis, Malheureux ! Eh ! qu'est-ce que j'espere ?
Un autre a sçû charmer l'objet qui m'a sçû plaire.
Pourquoy traîner icy de miserables jours ?
Ce fer devoit éteindre une ardeur téméraire ;
Faut-il que ma douleur me soit encor si chere,
Que je n'ose, en mourant, en terminer le cours!
Que nos jours sont dignes d'envie
Quand l'Amour répond à nos vœux !
L'Amour même le moins heureux
Nous attache encore à la vie.

SCENE II.

IPHIS, ALCIDE.

IPHIS.

QVe vois-je! où courez-vous, Alcide?

ALCIDE.

Tu vois un malheureux que le desespoir guide.

La Reine en ce moment fatal,
Aux yeux d'Argine prête à terminer sa vie,
Vient de me déclarer le bonheur d'un Rival;
Ce mot, d'Argine a calmé la furie.
Mais en des maux affreux il vient de me plonger,
Et mon amour a fait place à la rage.

IPHIS.

Ah! nommez le Mortel dont l'ardeur vous outrage,
Et laissez-moy l'honneur de vous vanger.

ALCIDE.

Tout trompe cher Iphis ma fureur & ton zele
Contre un Rival caché que sert tout ce courroux,
Je m'en informe envain, rien ne me le releve,
Et j'ginore où porter mes coups.
Mais, je sçauray percer la nuit obscure
Qui le dérobe à mon ressentiment;
Et je veux voir couler, pour laver mon injure
Et les pleurs de l'Amante, & le sang de l'Amant.

SCENE III.

ALCIDE, ARGINE, IPHIS.

ARGINE.

SUr tes pas mon amour m'ameine,
T'offrirai-je toûjours une tendresse vaine,
Tu viens de voir le fruit d'un odieux amour;
Omphale...

ALCIDE.

Vous sçavez sa haine,
Je la hais moy-même à mon tour.
La colere succede à ma tendresse extrême,
Secondez mes sanglants projets;
Vous pouvez par vôtre Art découvrir ce qu'elle aime.

ARGINE

C'est donc ainsi, Cruel, que tu la hais,
Ah! que ne me hais-tu de même!

ALCIDE.

Vous prenez ma fureur pour un amour jaloux;
Non, non; la gloire seule anime mon couroux.
Je veux vanger icy l'injure qu'on m'a faite,
Il faut que mon Rival y meure sous mes coups.

ARGINE.

C'est Omphale, & non pas ton Rival qui t'arrête.

ALCIDE.

Nommez-le, je me vange, & je pars avec vous,
Hâtez-vous de répondre à mon impatience,
Je sens à chaque instant mon courroux s'allumer.

ARGINE.

Va, ne prens point d'autre vangeance
Que de partir & de m'aimer.

ALCIDE.

Non, si je vous suis cher, contentez mon envie.

ARGINE.

Est-ce à moy de servir ton amoureux transport?

ALCIDE.

A la seule fureur mon ame est asservie,
Consultez le Destin, faites-vous cet effort;
Que mon Rival perde la vie,
Mon cœur est libre aprés sa mort.

ARGINE.

Sera-t'il libre, helas! quand Omphale éplorée...

ALCIDE.

Ah! puisse-t'elle aussi mourir desesperée!

ARGINE.

Je céde; c'est pour moy que je fais cet effort.
J'apprendray mon destin, en apprenant ton sort.

SCENE IV.

ARGINE, ALCIDE, IPHIS, Troupe de MAGICIENS.

ARGINE.

Que le jour pâlissant, fasse place aux tenebres :
Et Vous qui sous mes loix commandez aux Enfers,
Hâtez-vous, traversez les airs,
Et venez celebrer nos mysteres funebres.

CHOEUR DE MAGICIENS.

Nous obeïssons à ta voix.
Ordonne : nous suivrons tes Loix.

ARGINE.

Que tout serve en ces lieux le transport qui m'inspire,
Qu'on éleve un Autel au Dieu du noir Empire :
Et Vous, rendez Pluton propice à mes efforts.

Que vos clameurs touchent les morts,
Que la terre ouvre ses abymes ;
Qu'ils laissent parvenir jusques aux sombres bords,
Les cris & le sang des Victimes.

LE CHOEUR, *Que nos clameurs*, &c.

ARGINE.

Pluton répond à nos ſouhaits,
Un mouvement ſecret m'en apprend le ſuccez.

On danſe.

ARGINE.

Quel transport ſaiſit mes eſprits!
Où ſuis-je! je fremis.... Que vois-je! je m'égare:
D'une ſoudaine horreur tous mes ſens ſont ſurpris,
Je vois l'effroyable Tenare;
Je vois ſur les bords ſoûterains
L'Ombre de Tireſie errante.
Arrête..., Elle m'entend, d'une main tremblante,
Elle offre à mes regards le Livre des Deſtins.

Qu'y vois-je, Malheureuſe! ô déſeſpoir funeſte!
L'Ingrat cent fois charmé n'évite que mes fers.
Que la Foudre s'allume, & m'abîme aux Enfers!
Oſtez-moy, Dieux cruels, le jour que je déteſte.

Tremble toy-même, Ingrat, frémis, va dès ce jour
Voir ton Rival heureux au Temple de l'Amour.
Va, que le déſeſpoir, la fureur & la rage
S'uniſſent contre toy, pour vanger mon outrage.

Tout fuit, Tout diſparoît! Quel cahos! Quelle horreur!
Soûtenez-moy. Je meurs d'amour & de douleur.

SCENE V.

ALCIDE.

QU'ay-je entendu, grands Dieux! quel funeſte préſage!
C'eſt donc le prix fatal que me gardoit l'Amour?
La Reine & ſon Amant malgré toute ma rage
Doivent être unis dès ce jour!

Pour leur bonheur tout ſe prépare,
Les flambeaux de l'Hymen ſont prêts!
Non, Sort cruel, Deſtin barbare,
Je vais en me vangeant, démentir tes Arreſts.

Monſtre que j'ay dompté, renais, ſors de ta cendre;
Rameine dans ces lieux le carnage & l'horreur,
Embrâſe de tes feux l'Objet de ma fureur,
Et couvre-toy du ſang que je cherche à répandre.

Toy, mon Pere, fini le trouble où je me voy;
Que mon Rival frapé, tombe réduit en poudre.
Qu'il meure accablé de ta foudre;
Ou par pitié, fay-là tomber ſur moy.

O Dieux! que je me fais une image cruelle
Du triomphe prochain de ces heureux Amants!
Tous deux volent au Temple où l'Hymen les apelle,
Je vois tous leurs tranſports, j'entens tous leurs ſermens;

Que leurs ames ſont attendries!
Le flambeau de l'Amour brille devant leurs pas;
Tandis que celuy des Furies
Porte au fond de mon cœur la rage & le trépas.

Ah! periſſe avec moy l'Ingrate & ce qu'elle aime,
Allons à leur hymen oppoſer mon tranſport:
Que l'Autel renverſé, le Dieu briſé lui-même,
Que le Temple détruit dans ma fureur extrême,
Nous uniſſe-tous par la mort.

FIN DU QUATRIE'ME ACTE.

ACTE CINQUIE'ME.

Le Theâtre repréſente le Temple de l'Amour.

SCENE PREMIERE.

OMPHALE.

AMour, à mon Amant va révéler ma flâme.
Vole, va regner dans ſon ame,
Si tu veux me donner le prix
De mes ſoûpirs & de mes larmes:
Au Heros que je crains, cache mes foibles charmes,
Redouble-les aux yeux d'Iphis.

Amour, à mon Amant, va révéler ma flâme,
Vole, va regner dans ſon ame.

Mais on vient; à l'Amour j'ay preparé ces Jeux,
Et je luy vais offrir mon hommage & mes vœux.

SCENE II.

OMPHALE, Troupe de PRESTRESSES DE L'AMOUR.

OMPHALE ET LE CHOEUR.

Chantez l'Amour, chantez sa flâme,
Chantez le maître de vôtre ame;

OMPHALE.

Faites retentir ce séjour
Des doux plaisirs qui vous enchantent.
Qui pourroit mieux chanter l'Amour
Que ceux qui le ressentent.

On danse.

OMPHALE.

Amour, sois favorable aux vœux que je te fais;
Réponds au transport qui m'anime.
Je te presente pour victime
Mon cœur tout percé de tes traits.

Chantez l'Amour, chantez sa flâme,
Chantez le Maître de vôtre ame.

CHOEUR. *Chantons*, &c.

On danse.

A me

en ſacrifiant.

A me favoriſer que mon zele t'engage ;
Reçois ce vin ſacré, vois fumer cet encens,
Mais regarde encor plus la flâme que je ſens ;
Je ne ſçaurois t'offrir un plus parfait hommage.

CHOEUR.

Que l'Amour range tout ſous ſes loix ſouveraines ;
Qu'il lance ſes traits juſqu'aux Cieux ;
Qu'il étende par tout ſes chaînes,
Qu'il enflâme à jamais les Mortels & les Dieux.

SCENE III.

OMPHALE, IPHIS, ET LES CHOEURS.

OMPHALE.

On vient, c'est Iphis qui s'avance,
Mon hommage a touché les Dieux.

IPHIS.

Omphale, pardonnez si je m'offre à vos yeux,
Vous ne souffrirez pas long-temps de ma présence.

OMPHALE.

Cessez cet injuste discours,
Iphis, il n'est plus temps de feindre ;
Vôtre absence est pour moy le seul malheur à craindre ;
Et mon unique bien est de vous voir toûjours.

IPHIS.

Quel discours! justes Dieux! est-ce à moy qu'il s'adresse!

OMPHALE.

Connoissez enfin ma foiblesse.

J'ay caché malgré moy mes feux jusqu'à ce jour,
C'est pour vous seul que je soûpire :
Je sens croître encor mon amour
Par le plaisir de vous le dire.

IPHIS.

Quel est l'excès de mon bonheur,
Quel plaisir enchante mon ame!
L'aveu de vôtre ardeur
Redouble encor ma flamme.

OMPHALE ET IPHIS.

Ah! repetez cent fois un aveu si charmant.

OMPHALE.

Que l'Hymen de ses nœuds nous unisse luy-même:
Trompons les yeux d'Alcide; & malgré ses efforts...

IPHIS.

En faisant mon bonheur, cachez-moy qu'il vous aime.

OMPHALE.

On vient, c'est luy; que je crains ses transports!

SCENE IV.

OMPHALE, IPHIS, ALCIDE.

ALCIDE.

Quels funestes apprêts! mon trouble s'en augmente,
La rage déchire mon cœur!
Punissons mon Rival, & sa perfide Amante;
Qu'ils rencontrent la mort, la vangeance & l'horreur,
Au lieu du doux hymen qui flattoit leur attente:
De leur sang, de leurs cris repaissons ma fureur.

Où sont-ils! Mais que vois-je! ah! c'est vous, Inhumaine;
Barbare, c'est trop m'outrager?

OMPHALE.

Pardonnez à deux cœurs....

ALCIDE.

Vous attendiez, Cruelle,
Ce Mortel trop heureux qui vous a sçû toucher;
Mais sa mort... Ciel! Iphis, Eh! que viens-tu chercher?
Il voit IPHIS.
Je le vois; l'amitié dans ce Temple t'appelle.

Tu venois m'immoler deux odieux Amants ;
Ah ! reçois-en le prix dans mes embrassements.

IPHIS.

Arrête.

ALCIDE.

Que fais-tu ?

IPHIS.

Non, c'est trop me confondre.

ALCIDE.

Ciel ! que viens-tu de me répondre !

Iphis d'entre mes bras cherche à se dégager ?
Il me fuit ; le croiray-je, & n'est-ce point un songe ?
Serois-tu ce Rival dont je dois me vanger ?
Ciel ! est-ce dans ton sang qu'il faut que je me plonge ?

IPHIS.

Quand l'Amour m'a blessé, j'ignorois ton ardeur,
L'amitié qui nous lie, eut vaincu ma foiblesse,
Je ne puis même encor soûtenir ta douleur.
Pardonne-moy ma flâme & sa tendresse ;
Je vais par mon trépas expier mon bonheur.

Il veut se tuer.

OMPHALE, arrachant son épée.

Que faites-vous, Iphis?

ALCIDE.

Vous tremblez pour sa vie?

Perfide, ce transport irrite mes fureurs.
Vangeons ma tendresse trahie.
Mourez, Ingrats, mourez, partagez mes douleurs.
Que fais-je? arrête, Alcide, arrête;
Quoy! veux-tu devenir l'horreur de l'Univers?
Quel trouble! quels objets à mes yeux sont offerts!
Le tonnerre en grondant s'allume sur ma tête;
Je crois voir Jupiter au milieu des éclairs...
Tremble, la foudre est toute prête:
Moy, trembler! non, bravons les Dieux & la tempête.
Mais je trouve par tout les remords que je fuis;
Ciel! que veux-tu de moy dans le trouble où je suis?

Je t'entends, Dieu puissant, j'allois céder au crime,
Ta voix vient dans mon cœur rappeller la vertu.
Helas! faut-il calmer la fureur qui m'anime!
Quel sacrifice exige-tu?
Dieu barbare, mon cœur en sera la victime!

à OMPHALE ET à IPHIS.

C'en est trop, la raison vient enfin m'éclairer,
Elle éteint à la fois mon amour & ma haine.
Allez, unissez-vous d'une éternelle chaîne,
Je ne veux plus vous séparer.

Aimez-vous, oubliez ma honte & vostre peine ;
Je ne vis plus que pour les reparer.

OMPHALE ET IPHIS.

Quel triomphe ! quelle victoire !
Qu'il est beau de vaincre l'Amour:
Celébrons à jamais le jour
De nos plaisirs & de sa gloire.

CHOEURS.

Quel triomphe! quelle victoire!
Qu'il est beau de vaincre l'Amour:
Célébrons à jamais le jour
De nos plaisirs & de sa gloire.

FIN.

APROBATION.

J'AY lû par Ordre de Monseigneur le Garde des Sceaux, *OMPHALE*, *Tragedie*. Fait à Paris, ce seiziéme Janvier mil sept cent trente-trois. Signé GALLYOT.

PRIVILEGE DU ROY.

LOUIS par la grace de Dieu, Roy de France & de Navarre: A nos amez & feaux Conſeillers, les Gens tenant nos Cours de Parlement, Maîtres des Requêtes ordinaires de nôtre Hôtel, Grand Conſeil, Prevôt de Paris, Baillifs, Sénéchaux, leurs Lieutenans-Civils, & autres nos Juſticiers qu'il appartiendra, Salut. Les Sieurs Beſnier, Avocat en Parlement, Chomat, Ducheſne, & de la Val de S. Pont, Bourgeois de nôtre bonne Ville de Paris; Nous ont fait remontrer, qu'en conſequence de l'Arreſt de nôtre Conſeil du 12. Decembre 1712. du Traité fait entr'eux & les Sieurs de Francine & Dumont, le 24. deſdits Mois & An, & de nos Lettres Patentes du 8. Janvier enſuivant, confirmatives dudit Traité; Ils auroient acquis le Privilege, de faire repreſenter les Opera durant le temps de vingt années, à compter du 20. Aouſt 1712. ainſi que le Privilege de la vente des Paroles deſdits Opera, leſquelles ils deſireroient faire imprimer pour les donner au Public, s'il Nous plaiſoit leur accorder nos Lettres de Privilege ſur ce neceſſaires: A CES CAUSES; deſirant favorablement traiter les Expoſants, attendu les charges dont l'Academie Royale de Muſique ſe trouve oberée, & les grandes dépenſes qu'il convient de faire, tant pour l'Impreſſion que pour la Gravûre en Taille-douce des Planches dont ce Livre ſera orné; Nous leur avons permis & permettons par ces Preſentes, de faire imprimer & graver les Paroles & la Muſique de tous leſdits Opera, qui ont été ou qui ſeront repreſentez par l'Academie Royale de Muſique, tant ſeparément que conjointement, en telle forme, marge, caractere, nombre de Volumes & de fois que bon leur ſemblera, & de les vendre & debiter par tout nôtre Royaume pendant le temps de dix-neuf années conſecutives, à compter du jour de la datte deſdites Preſentes. Faiſons défenſes à toutes perſonnes, de quelque qualité & condition qu'elles puiſſent être, d'en introduire d'impreſſion étrangere, dans aucun lieu de nôtre obeïſſance: Et à tous Imprimeurs, Libraires, Graveurs, & autres, d'imprimer, faire imprimer, vendre, faire vendre, débiter ny contrefaire leſdites Impreſſions, Planches & Figures, en tout ny en partie, ſans la permiſſion expreſſe & par écrit deſdits Sieurs Expoſans, ou de ceux qui auront droit d'eux, à peine de confiſcation des Exemplaires contrefaits, de ſix mille livres d'amende contre chacun des Contrevenants, dont un tiers à Nous, un tiers à l'Hôtel-Dieu de Paris, l'autre tiers auſdits Sieurs Expoſans, & de tous dépens, dommages & intereſts, à la charge que ces Preſentes ſeront enregiſtrées tout au long ſur le Regiſtre de la Communauté des Imprimeurs & Libraires de Paris, & ce dans trois Mois de la datte d'icelles; que la gravûre & impreſſion deſdits Opera ſera faite dans nôtre Royaume & non ailleurs, en bon papier & en beaux caracteres, conformément aux Reglemens de la Librairie, & qu'avant de les expoſer en vente, il en ſera mis deux Exemplaires dans nôtre Bibliotheque publique, un dans celle de nôtre Château du Louvre, un autre dans celle de nôtre tres-cher & feal Chevalier Chancelier de France, le Sieur Phelypeaux, Comte de Pontchartrain, Commandeur de nos Ordres; Le tout à peine de nullité des Preſentes; Du contenu deſquelles vous mandons & enjoignons de faire joüir leſdits Sieurs Expoſans, ou leurs Ayants-cauſe, pleinement & paiſiblement, ſans ſouffrir qu'il leur ſoit fait aucun trouble ou empeſchement. Voulons que la Copie deſdites Preſentes, qui ſera imprimée au commencement ou à la fin deſdits Opera, ſoit tenuë pour dûëment ſignifiée; & qu'aux Copies collationnées par l'un de nos amez & feaux Conſeillers & Secretaires, foy ſoit ajoûtée comme à l'Original. Commandons au premier nôtre Huiſſier ou Sergent, de faire pour l'execution d'icelles tous Actes requis & neceſſaires, ſans demander autre permiſſion, & nonobſtant Clameur de Haro, Charte Normande & Lettres à ce contraires. CAR tel eſt nôtre plaiſir. DONNE' à Verſailles le vingtiéme jour d'Aouſt l'An de Grace mil ſept cent treize, & de nôtre Regne le ſoixante-onziéme, Par le Roy en ſon Conſeil. Signé BESNIER, avec paraphe, & ſcellé.

Regiſtré ſur le Regiſtre N° III. de la Communauté des Libraires & Imprimeurs de Paris, *Page* 648 N°. 741. conformément aux Reglemens, & notamment à l'Arreſt du 30. Aouſt 1703. Fait à Paris ce 12. Septembre 1713. *Signé*, L. JOSSE, Syndic.

Par Traité paſſé, DE L'ORDRE DU ROY, *pardevant Notaires, le* [illegible] *Novembre* 1727. *entre l'Academie Royale de Muſique, & le Sr.* BALLARD, *Seul Imprimeur du Roy, &c. Il eſt Ceſſionnaire de ladite Academie, pour ce qui regarde les Livres mentionnez au Privilege cy-deſſus.*